Mademoiselle

Louisa de Swarte

MADEMOISELLE

LOUISA DE SWARTE

25 AOUT 1863 — 20 FÉVRIER 1888

SOUVENIR

OFFERT A SA FAMILLE

MADEMOISELLE

LOUISA DE SWARTE

Le 20 février 1888, à dix heures du soir,
s'éteignait une existence angélique, plus sem-
blable à celle des habitants de la patrie céleste,
qui voient Dieu face à face, qu'à celle des exilés
d'ici-bas. Elle avait duré vingt-quatre ans, cinq
mois, vingt-six jours. Si pure elle s'était écou-
lée, que le souffle du mal ne l'avait jamais même
effleurée ; si simple, si humble, que le regard
de Dieu seulement avait pu en découvrir toute
la beauté ; si suave, qu'elle a laissé après elle
comme un parfum qui embaume.

Ame d'élite ; cœur aimant entre tous ; carac-
tère noble et élevé ; nature distinguée, n'ayant
rien de commun avec nos petitesses et nos dé-
faillances, dévouée jusqu'à l'entier oubli d'elle-
même, généreuse, au point d'aspirer inces-
samment au sacrifice comme d'autres aspirent

à la jouissance, Louisa de Swarte représentait
en sa personne l'idéal de cette perfection chré-
tienne, si rare, hélas! de nos jours, et qu'on
soupçonne à peine, parce qu'on ne la croit pas
possible.

Maintenant que la mort vient de moissonner
dans tout son éclat cette fleur des cieux, dont
la terre n'était vraiment pas digne, et qu'une
froide pierre, au pied du Christ du cimetière
de Méteren, recouvre la dépouille mortelle de
celle qui n'avait d'autre ambition que de « vivre
cachée en Dieu avec Jésus-Christ », qu'il soit
donné à un cœur ami de déposer en passant, sur
cette tombe fraîchement fermée, l'hommage de
son admiration. Aussi bien, n'est-il pas écrit que
« Dieu se plaît à être exalté dans ses élus »; et
ailleurs « A la mort le secret des belles âmes ne
leur appartient plus! » Donc, nous dévoilerons
ce secret, pour la gloire de Dieu, et à la douce
mémoire de Louisa.

Dieu fut le grand amour, ou pour être plus vrai, la passion de ce cœur virginal ; et Lui seul pourrait dire les ardeurs, les élans, les transports que sa présence ou son souvenir y ont excités. Mais à côté de ce sentiment, et en raison même de son intensité, quelle tendresse exquise, profonde, pour son père, sa mère, ses deux sœurs, son jeune frère ! Quel besoin de procurer leur bonheur, même aux dépens du sien ! Quelle vigilance touchante pour écarter tout ce qui aurait pu assombrir le front de son père, faire naître une inquiétude dans le cœur de sa mère ! La longue maladie qui a miné son existence n'étant que trop de nature à motiver les alarmes de ceux qui l'entouraient, elle allait jusqu'à dissimuler ses souffrances physiques, affecter un air de vigueur, user de ruse pour que l'on ne s'aperçût pas de l'altération de ses traits, tant elle redoutait d'être un sujet de peine pour autrui : « Voilà papa, disait-elle quelquefois ; vite, que je prenne ma mine de gaieté. » Et un doux sourire, un mot aimable venait donner le change sur l'état physique ou moral de la jeune fille. — Faire plaisir, rendre heureux, était sa préoccupation constante; et, pour y arriver, il lui paraissait tout naturel de renoncer à ses attraits les plus légitimes. « Qu'importe que je fasse ceci ou cela, disait-elle encore, pourvu que Dieu et les autres soient contents. » Sa complaisance s'étendait jusqu'aux moindres détails; que ceux qui ont vécu avec elle en rendent témoignage : en cette vertu, si difficile parce que sa pratique est de tous les instants, l'a-t-on vue défaillir une seule fois? — L'esprit d'abnégation dont s'inspiraient tous ses actes était porté à un si haut degré chez cette nature privilégiée, qu'il devenait souvent impossible à l'œil attentif de ses parents et de ses sœurs de deviner quelles étaient ses préférences; ce n'était qu'en l'étudiant et en la comprenant que la lumière se faisait sur ce point.

S'il est vrai que l'amitié, celle qui a Dieu comme principe et comme fin, est un des dons les plus précieux du ciel, elle le reçut dans

toute sa plénitude, et sut en user à la façon des
Saints. Le cœur, quand il est tout pur, peut aller
loin dans ses affections; aussi le sien, isolé par
la grâce de tout ce que notre monde renferme
de souillures et de misères, ne mit presque
pas de bornes à l'effusion du sentiment qui su-
rabondait en elle. Et, de la créature s'élevant au
Créateur, de l'harmonie mystérieuse des âmes à
l'union divine, elle goûtait, par anticipation, les
délices de ce royaume qui, bientôt, devait être le
sien, et où règnent à jamais l'amour et la paix.

Une telle nature ne pouvait manquer de s'in-
cliner irrésistiblement vers tout ce qui souffre
ici-bas et a besoin de compassion, de sympa-
thie et d'allègement. Les pauvres surtout eurent
ses prédilections. Elle se plaisait à les visiter,
écoutant avec un intérêt marqué le récit de leurs
maux, y prenant part dans cette large mesure
qui est le fruit de la charité, et ne les quittant
jamais qu'après avoir soulagé et consolé. Tra-
vailler pour eux était une de ses plus vives jouis-
sances. Et plus tard, lorsque la maladie vint

l'empêcher de s'occuper d'une manière active de ces membres souffrants du Christ, elle continua à le faire par la pensée et le désir. Au jour où la nouvelle de sa mort se répandit à Méteren et aux environs, il y eut une manifestation de douleur touchante. On l'avait nommée de son vivant « l'Ange du village ». Jamais ange terrestre ne fut plus regretté.

Quant aux rapports de son âme avec Dieu, à cette vie intérieure qui absorba tout ce qu'il y avait en elle de volonté, d'énergie, de puissance d'affection, comment en parler? N'est-elle pas, en toute réalité, le jardin fermé, la fontaine scellée dont il est question dans nos Livres saints? Disparaître, et pour cela laisser ignorer les faveurs quotidiennes reçues du ciel, telle était la suprême ambition de Louisa. On ne peut se figurer les précautions que prenait en toutes circonstances son humilité, afin d'en arriver à passer pour une âme vulgaire. Aussi, lorsqu'elle eut le pressentiment de sa mort prochaine, son premier soin fut de détruire les

écrits et les lettres qui auraient fait connaître
ce qu'elle tenait tant à cacher. Mais cet acte
avait été prévu, et une pieuse indiscrétion avait
tout sauvé.

C'est à l'aide de ces souvenirs que nous con-
templerons un instant l'âme qui vient de nous
quitter, sous son aspect céleste.

* *

L'enfance de Louisa avait été calme et joyeuse.
Rien de bien saillant jusqu'à l'âge où la réflexion
prend le dessus, si ce n'est une inclination mar-
quée pour la prière. Puis vinrent les premiers
bonheurs auprès du Dieu de l'Eucharistie, dans
la chapelle du pensionnat. « Que je m'y trou-
vais bien, disait-elle depuis, et que j'aurais
voulu y rester de longues heures! » Déjà elle
entrevoyait les précieux avantages de l'oraison,
de la solitude et du silence. — Un jour, elle avait
alors seize ans, Dieu se révéla à son cœur. Ce
fut sans doute d'une manière ineffable, car longtemps, toute une année, elle demeura sous l'im-

pression de la divine visite. « Je vivais alors, avouait-elle, comme s'il n'y avait eu que Dieu et moi sur la terre. Je ne voyais que Lui; je n'entendais que Lui; sa présence me suivait partout. Pour lui plaire, j'allais au-devant du sacrifice et de la souffrance. » Oui, c'était bien la souffrance qui convenait à cette âme, de bonne heure avide d'immolation. Dieu la lui envoya sous différentes formes, sans jamais lasser sa patience, ni ébranler son courage. Elle fit mieux encore qu'accepter et supporter : instruite à l'exemple du Sauveur des hommes dont chaque jour elle méditait les douleurs Louisa s'éprit d'amour pour la croix. Elle écrivait : « Je souffre autant qu'une âme peut souffrir. Que Dieu est bon de me traiter ainsi! et de me faire la grâce de comprendre que plus je serai éprouvée, frappée, meurtrie, broyée, mieux je réaliserai ma vocation, qui est vraiment celle de victime. » — Elle connut ces peines sans nom, douloureux mystère entre Dieu qui aime, et l'âme qui ne se sent plus aimée; ces angoisses d'un cœur altéré d'un bien dont l'éternité seule peut lui donner la possession : les tristesses de l'exil, les brûlants désirs de la mort et du ciel, qui semblent être le partage exclusif des saints. Louisa eut au plus haut point cette maladie qu'on appelle la nostalgie du ciel. Il lui fallait le ciel ; tout le reste était un horizon trop fini pour son âme, que Dieu avait faite si grande. « Je crois bien que je mourrai jeune. Quel bonheur ! » disait-elle quelquefois dans l'intimité. — Un soir qu'elle paraissait sombre, on voulut en savoir la cause. Pressée de questions, elle finit par avouer que « sentant ses forces se raffermir, elle s'attristait à l'idée de voir s'éloigner l'heure de sa mort. On doit être si bien au ciel ! » ajoutait-elle, avec son angélique sourire. — Trois ans encore allaient s'écouler avant qu'elle eût l'entrée du bienheureux séjour où vivaient par avance son cœur et sa pensée.

A certains moments, quand le souvenir plus vif des fautes échappées à sa faiblesse, ou le besoin de satisfaire à la justice divine pour celles d'autrui, lui inspirait comme une soif d'expiation, alors elle dirigeait toute la force de ses aspirations vers le cloître, le Carmel surtout. La vie de renoncement et d'austérités qu'on y mène séduisait son âme généreuse avant tout. « J'aime le Carmel, écrivait-elle à une amie : mon cœur rêve d'y habiter un jour. Mais, pour accomplir la volonté divine, je préfère la mort à la vie religieuse. » — Souvent elle répétait : « Le cloître ou la mort ! » Dieu allait choisir pour elle.

D'après le conseil qui lui avait été donné, Louisa confiait chaque jour à un journal intime les pensées et les sentiments qu'elle éprouvait tant de difficulté à communiquer de vive voix. En lisant ces pages, écrites avec une inexprimable simplicité, on croit se trouver en présence de l'âme qui en a été l'inspiratrice. Elle s'y laisse voir sous l'auréole d'une vertu trop ravissante pour n'être pas parfaite. Sa noble devise : aimer, souffrir, est là tout entière, mise en action : elle domine tout et résume tout.

Oh! oui, l'amour, qu'il y en avait dans ce cœur de vingt ans, qui s'écriait : « J'aime, et je me sens dévorée du désir d'aimer davantage. L'amour de la terre ne me suffit plus : il me faut l'amour du ciel. Mon Dieu! mon âme souffre, parce que vous lui semblez trop loin, parce qu'elle ne peut vous aimer comme elle le voudrait. Elle est fatiguée de vivre dans l'exil ; elle voudrait s'élever plus haut, s'élever jusqu'à vous, mon Dieu, et vous contempler, vous aimer dans le ciel pour toujours. Cette heure bénie entre toutes les heures n'est pas encore venue ; ô mon âme! courage, courage! » A un autre endroit, on lit : « Pour ajouter un degré à la gloire de Dieu, ou pour procurer un peu de bien, ne fût-ce qu'à une seule âme, je consentirais à souffrir tous les tourments possibles et imaginables. » Puis vient cette brûlante exclamation : « Ah! que je voudrais mourir d'amour! » L'épreuve ne lui arrache d'autre plainte que ces mots : « Mon Dieu! si mes souffrances vous glorifient, faites-moi souffrir toujours! »

Et ailleurs : « J'aime mes souffrances, mes privations, parce que Dieu les aime ; je les préfère à tout, et je ne les changerais pas pour tous les trésors de la terre. »

*
* *

Les anges ne peuvent demeurer longtemps loin de leur pays. Notre atmosphère ne leur convient pas, ils s'y sentent mal à l'aise.

Au commencement de décembre, les forces de Louisa déclinèrent rapidement, et bientôt il n'y eut plus aucune illusion à se faire, la mort approchait. On lui parla du sacrement dernier, qui apporte au chrétien, avec le pardon suprême, la grâce de franchir heureusement le grand passage du temps à l'éternité. Elle le demanda aussitôt, et le reçut avec une ferveur qui émut jusqu'aux larmes ceux qui en furent témoins : « Si l'on savait tout ce que l'Extrême-Onction donne de paix et de force à l'âme ! » répétait-elle ensuite.

Décembre s'écoula, puis janvier. La vie de la

jeune fille baissait, baissait toujours : on eût dit
une flamme qui manque d'aliment, ou bien encore une tendre fleur se desséchant sur sa tige.
L'âme, elle, libre de toute entrave, transfi-
gurée par l'amour et l'espérance, rayonnante
déjà de la félicité d'en haut, semblait n'attendre
plus que l'appel de Dieu pour prendre son es-
sor. — C'était bien la victime s'immolant avec
joie sur l'autel du sacrifice, en exhalant son
dernier chant d'amour. — Le 20 février arriva,
bien sombre pour nous, bien radieux pour elle.
Dès le matin, la religieuse garde-malade qui la
soignait, pour se conformer à son désir, la pré-
vint en lui disant : « Mademoiselle, je crois
qu'aujourd'hui le bon Dieu vous donnera votre
récompense ! — Quel bonheur ! Ah ! puissiez-
vous dire vrai, ma sœur ! » — La journée fut une
prière silencieuse. Vers le soir, alors que les
ombres de la mort s'étendaient sur le visage de
la jeune fille, on entendit ses lèvres murmurer
quelques paroles, entre autres celles-ci : « Le
ciel ! ah ! que c'est beau le ciel ! » Le voyait-elle

déjà? — « Il faut être si pure pour y entrer! Je demande que l'on prie beaucoup pour moi. »

Et quelques instants après, sans secousse, sans effort, elle expirait dans la paix de Celui pour qui elle avait vécu.

. .

O Louisa! Dieu nous a prêté pour quelques jours ta suave présence et le spectacle de tes vertus. Nous te rendons à Dieu. Aime-le là-haut de cet amour que rêvait ton cœur. Et souvent, bien souvent, abaisse ton regard sur ceux qui cheminent encore dans la vallée des larmes et ont besoin de ta protection. Ils s'attristent de ton départ, et ne savent se faire au vide de l'absence. Fais luire en leur âme un rayon d'espérance; soutiens leur courage quelquefois défaillant. — Vivre comme toi, mourir comme toi, est notre vœu secret; obtiens-nous-en la grâce du Dieu qui ne peut rien te refuser!

www.ingramcontent.com/pod-product-compliance
Lightning Source LLC
LaVergne TN
LVHW010822180726
843502LV00009B/3493